COLOR BEAR FAMILY PICTURE

NOW DRAW YOUR FAMILY

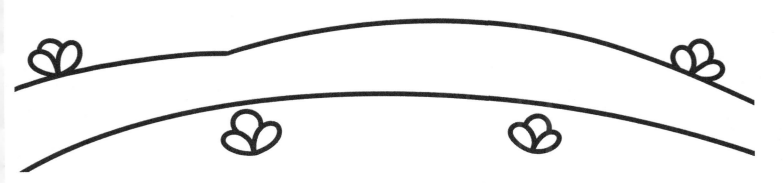

FIND 6 DIFFERENCES

FIND THE CUPCAKE

COLOR BY NUMBERS

1 2 3 4 5 6 7 8 9

GREEN DARK GREEN RED BLUE ORANGE PURPLE YELLOW BROWN BLACK

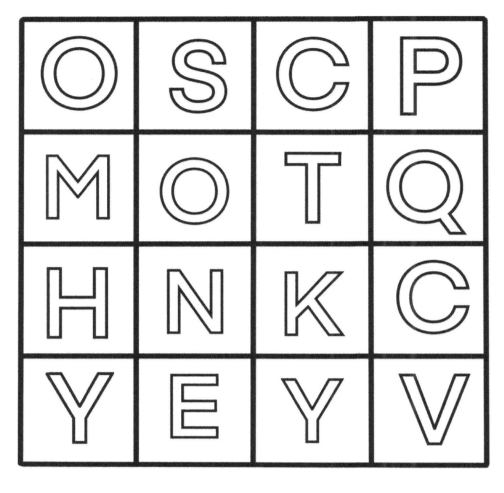

O	S	C	P
M	O	T	Q
H	N	K	C
Y	E	Y	V

FIND MY NAME

FIND 6 DIFFERENCES

COMPLETE THE ELEPHANT

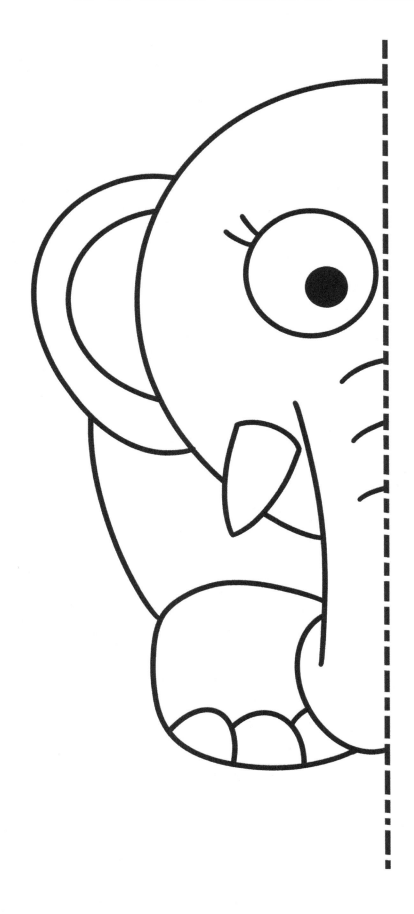

HELP THE BEE TO GET TO THE FLOWER

WHAT IS MY NAME?

FRUIT

FIND 10 DIFFERENCES

COLOR AND
FIND THE SHADOW

DOT TO DOT

FOLLOW THE NUMBERS

D
C
B
A

1 2 3 4 5 6 7 8 9

WHAT IS MY NAME ?

C
O W

T
C
A

O	S	C	T
P	E	N	Q
H	C	G	U
Y	V	I	N

FIND MY NAME

COMPLETE THE FOX

FOLLOW THE NUMBERS

HELP THE RABBITS TO GET CARROTS FOR BREAKFAST

FIND 8 DIFFERENCES

FIND THE SHADOW

COLOR THE TIGER

DRAW THE TIGER

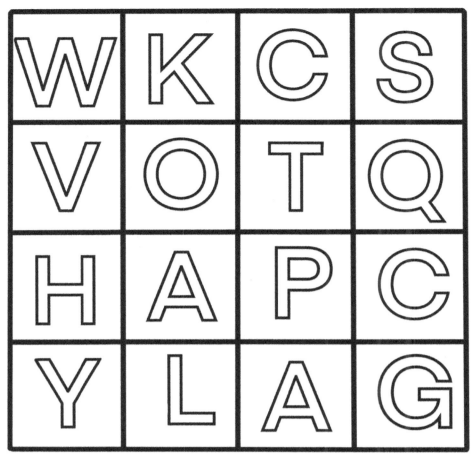

W	K	C	S
V	O	T	Q
H	A	P	C
Y	L	A	G

FIND MY NAME

FIND THE SHADOW

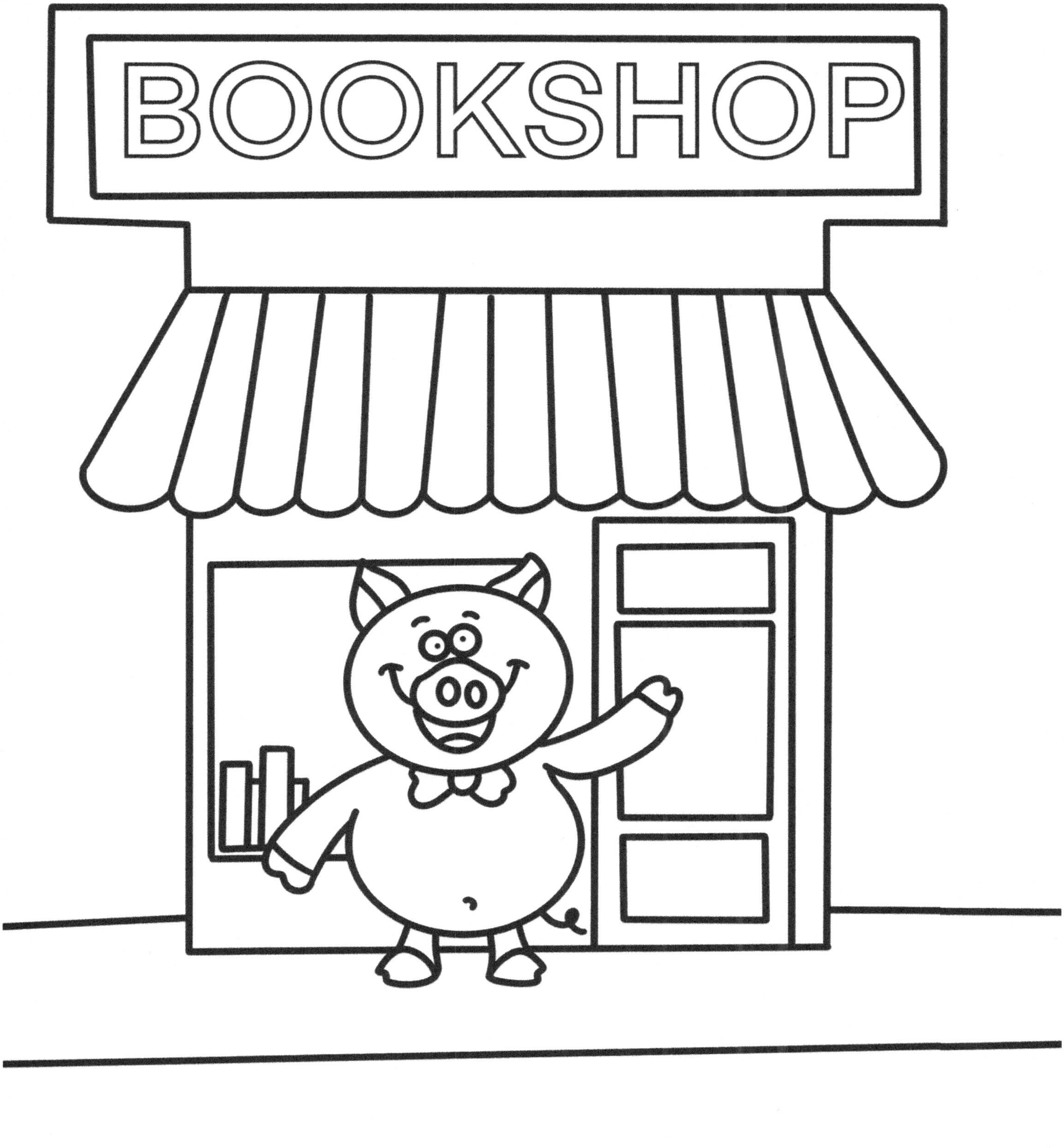
BOOKSHOP

O	C	N	P
K	A	T	Q
H	M	S	C
Y	E	L	V

FIND MY NAME

COLOR THE PICTURES THAT MATCH

FOLLOW THE NUMBERS
TO KNOW WHO I AM

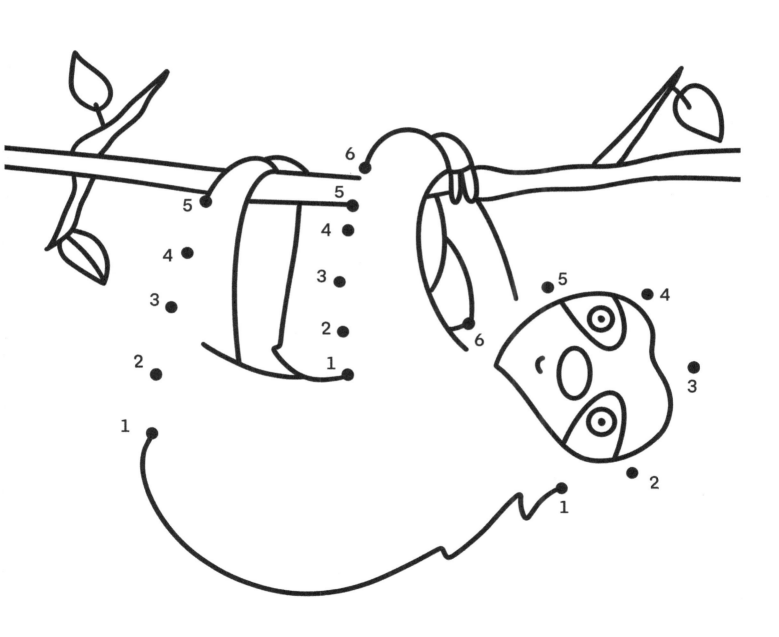

COLOR THE HAPPY FROG

COLOR THE BEAR USING BROWN - YELLOW - RED - BLUE

COLOR AND
FIND THE SHADOW

FIND 10 DIFFERENCES

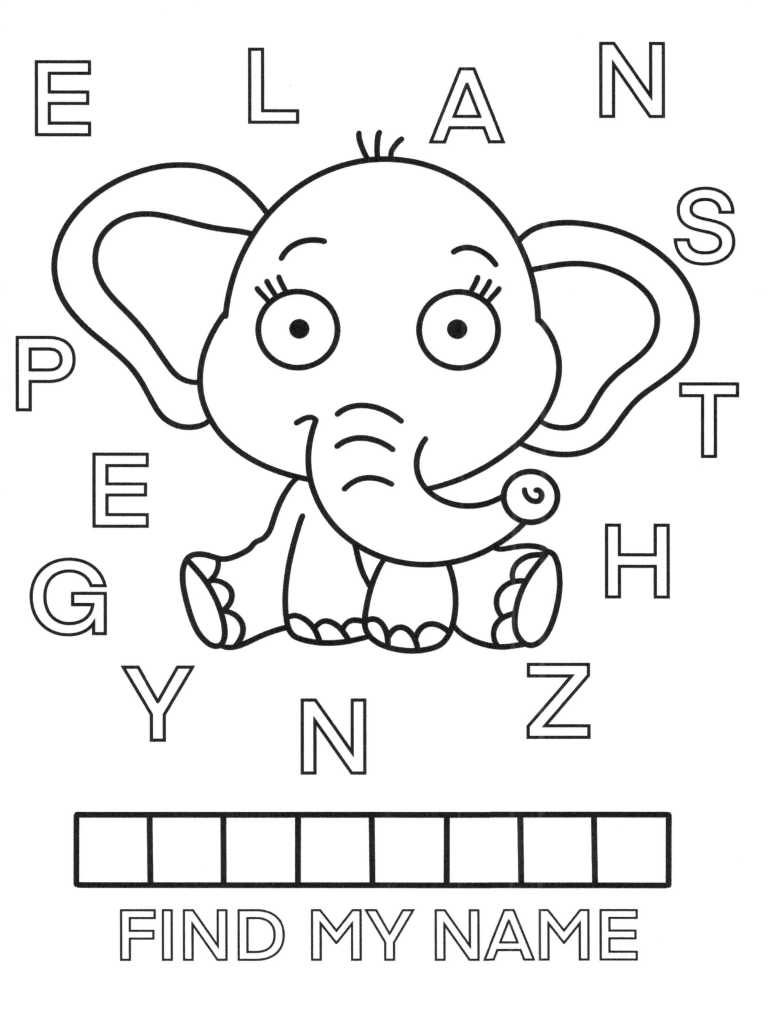

FIND MY NAME

FIND THE SHADOW

COMPLETE THE BUTTERFLY

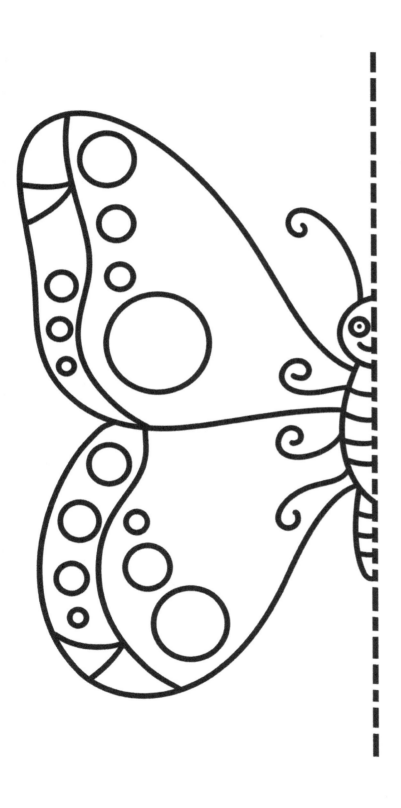

COMPLETE THE WORD

1 A   5 F
2 R   6 I
3 F   7 G
4 E

7 6 2 1 5 3 4

FEED THE ANIMALS

4

Made in the USA
Middletown, DE
09 August 2020